गौसिनी एवं उडरज़ो
प्रस्तुत करते हैं
ऐस्ट्रिक्स का एक साहसिक अभियान

ऐस्ट्रिक्स और गौथवासी

कथा : **रेने गौसिनी** चित्रांकन : **अलबर्ट उडरज़ो**

Om Books International

Published in 2019 by

Om Books International

Corporate & Editorial Office
A-12, Sector 64, Noida 201 301, Uttar Pradesh, India
Phone: +91 120 477 4100
Email: editorial@ombooks.com Website: www.ombooksinternational.com

Sales Office
107, Ansari Road, Darya Ganj, New Delhi 110 002, India
Phone: +91 11 4000 9000 Fax: +91 11 2327 8091
Email: sales@ombooks.com Website: www.ombooks.com

ऐस्ट्रिक्स और गौथवासी
Original title: ***Astérix et les Goths***

Translated in Hindi by Puneet Gupta & Dipa Chaudhuri

This work is published under the Publication Assistance Programme Tagore, with the support of Institut français en Inde / Ambassade de France en Inde and the Institut français de Paris.

ISBN: 978-93-52763-84-9

Printed in India

सन् 50 ई.पू.। पूरे गॉल पर रोमनों ने कब्ज़ा जमा रखा है... पूरे? नहीं! अजेय गॉलवासियों का एक ऐसा गाँव है जो अब भी हमलावरों के विरुद्ध जमकर डटा हुआ है, और जिन्होंने तकरारम, झकमारम, ललकारम तथा कपिघुड़कम जैसी किलाबंद छावनियों के रोमन सैनिकों की नाक में दम कर रखा है...

ऐस्ट्रिक्स, इन साहसिक अभियानों का नायक। इस चालाक, चतुर और नाटे क़द के योद्धा को बेझिझक सभी ख़तरनाक कार्य सौंपे जाते हैं। ऐस्ट्रिक्स अपनी अतिमानवीय शक्ति ओझा औषधिक्स के जादुई काढ़े से प्राप्त करता है...

ओबेलिक्स, ऐस्ट्रिक्स का अभिन्न मित्र। शिला–स्तम्भों के इस पेशेवर वितरक को जंगली सूअर खाने और ज़बर्दस्त लड़ाई करने की लत है। ओबेलिक्स सब कुछ छोड़–छाड़ कर ऐस्ट्रिक्स के साथ एक नए अभियान पर चल पड़ने को हमेशा तैयार रहता है। उसके साथ होता है, अड़ियलिक्स, हमारी जानकारी के अनुसार एकमात्र पर्यावरणविद् कुत्ता, जो किसी भी पेड़ के काटे जाने पर हताश होकर बिलखने लगता है।

औषधिक्स, गाँव के वयोवृद्ध ओझा, जो अमरबेल बटोरते हैं और जादुई काढ़ा बनाते हैं। उनकी सबसे बड़ी उपलब्धि है वह काढ़ा जो पीने वाले को अमानवीय ताकत प्रदान करता है। लेकिन औषधिक्स के पिटारे में और भी कई नुस्खे हैं...

बेसुरतालिक्स, गाँव का गवैया। उसकी प्रतिभा के बारे में लोगों की राय विभाजित है : वह सोचता है कि वह अत्यंत प्रतिभाशाली है, बाकी सबकी राय कुछ और ही है। लेकिन जब तक वह मुँह नहीं खोलता, लोग उसका साथ बेहद पसंद करते हैं...

अंत में, गोलमटोलिक्स, गाँव के मुखिया। राजसी, वीर और गुस्सैल, इस दिग्गज योद्धा के साथी उनका सम्मान करते हैं और दुश्मन उनसे भयभीत रहते हैं। गोलमटोलिक्स को केवल एक ही बात का डर है : कहीं कल आसमान उनके सिर पर न टूट पड़े, मगर जैसा उनका खुद का कहना है : "कल कभी नहीं आता!"

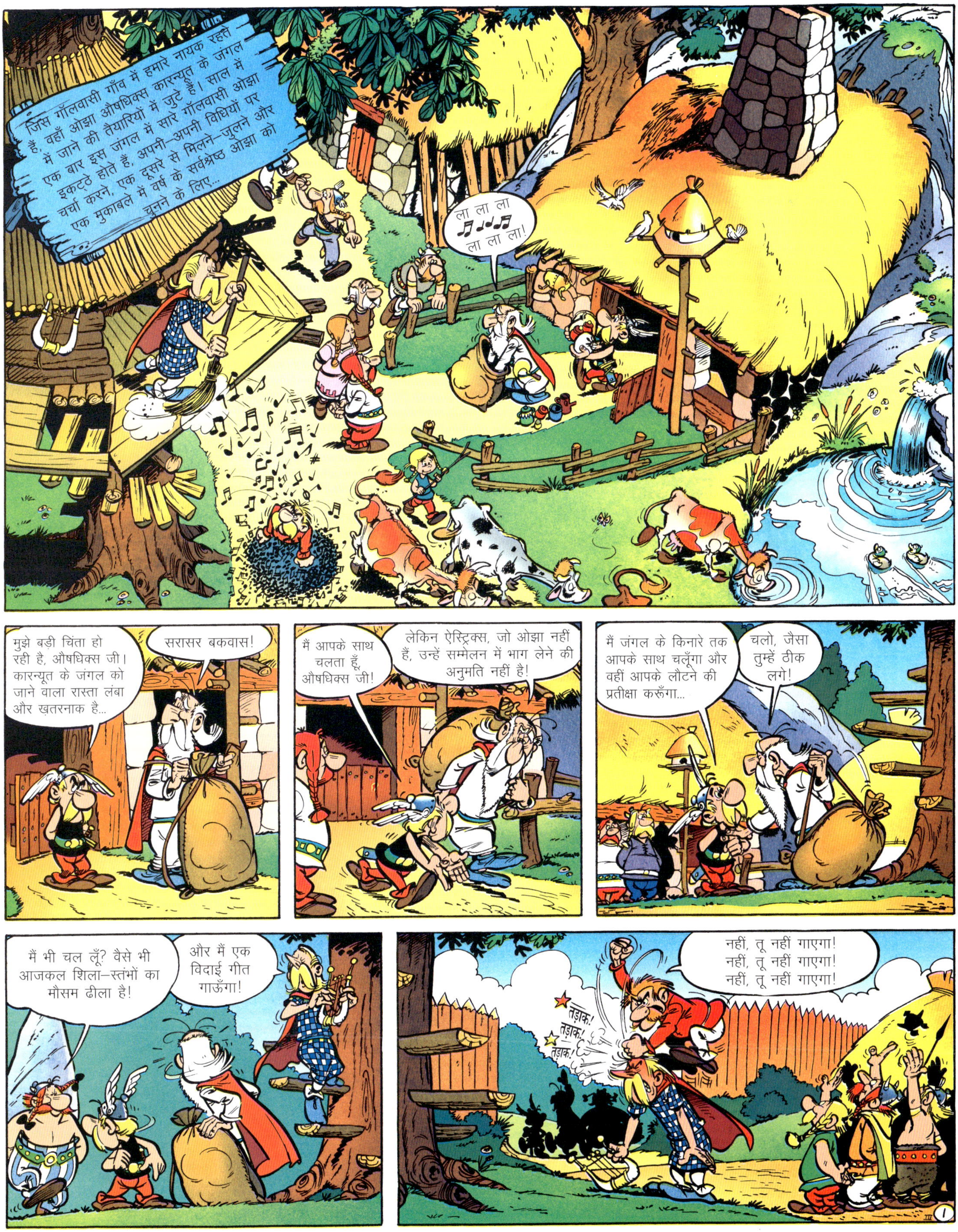

जिस गॉलवासी गाँव में हमारे नायक रहते हैं, वहाँ ओझा औषधिक्स कारन्यूत के जंगल में जाने की तैयारियों में जुटे हैं। साल में एक बार इस जंगल में सारे गॉलवासी ओझा इकट्ठे होते हैं, अपनी–अपनी विधियों पर चर्चा करने, एक दूसरे से मिलने–जुलने और एक मुकाबले में वर्ष के सर्वश्रेष्ठ ओझा को चुनने के लिए...

ला ला ला ♫♩♩♫ ला ला ला!

सुदूर गॉल की पूर्वी सीमा पर दो रोमन सैनिक पहरा दे रहे हैं...

ज़ब मैं तीन तक गिनूँगा!
?
रोमन साम्राज्य की सीमा

ठहरो! मुझे लगा मैंने उधर किसी को गौथ–भाषा बोलते सुना है!
!?

तुझे सपने आ रहे हैं, अर्थीकेफूलस!
लेकिन चिताकेचबूतरस, मैं कसम खा सकता हूँ!

जूपिटर की कसम, जंगली विज़ीगौथ, औस्ट्रोगौथ या किसी अन्य प्रकार के गौथ रोमन इलाके में अपने गंदे पैर रखने की हिम्मत कभी नहीं करेंगे!

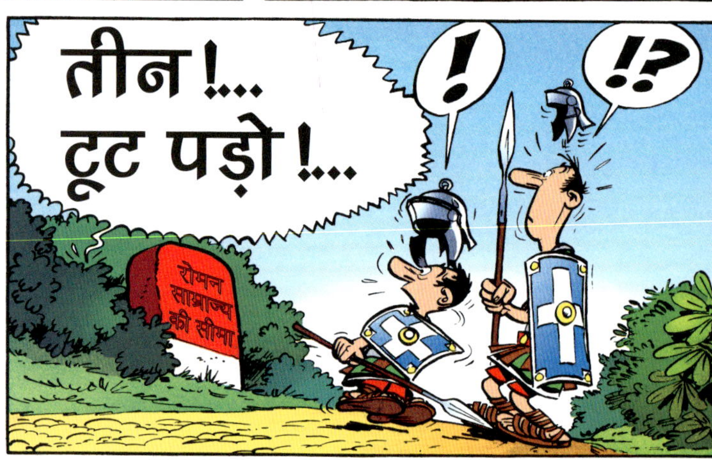
तीन!... टूट पड़ो!...
!
!?
रोमन साम्राज्य की सीमा

रोमन साम्राज्य की सीमा

धम्म!
खटाक!
चटाक!
खचाक!

मैंने अभी तुझसे क्या कहा था?
भूल करना इंसान का स्वभाव है...

शाबाश, लंगोटधाड़िक, माड़धाड़िक, बीमाड़िक औड़ तड़काड़िक! औड़ अब चलें काड़न्यूत के ज़ंगल!
हमाड़े मुखिया घूँसामाड़िक, अमड़ ड़हें!!!

जब सीमा पर ये गंभीर घटनायें घट रही हैं, हमारे दोस्त कारन्यूत के जंगल की ओर बढ़े जा रहे हैं...

हम जल्दी ही वहाँ पहुँच जाएँगे। अब तक सब ठीक–ठाक ही रहा!
बहुत अच्छा! बहुत अच्छा!
मुझे हल्की–सी भूख लगी है...

अरे, ज़रा देखो तो सही!
जंगली सूअर है क्या?!

दोस्तो, इनसे मिलिए, मेरे पुराने मित्र और साथी, बेलजियाई ओझा छियत्तरिक्स!
कितनी खुशी की बात है!

देखना, छियत्तरिक्स! मैं तुम्हें अपनी ओझाई शक्तियों से चकित कर दूँगा!
और मैं भी!

रुकजाओ!

एक रोमन गश्ती–दल!
दो–दो हाथ हो जाएँ?
नहीं, ओबेलिक्स। सम्मेलन के दौरान रोमनों के साथ युद्धविराम–सन्धि है।

हमें जाने दो दशपति। हम ओझा हैं जो कारन्यूत के जंगल में जा रहे हैं...

जूपिटर की कसम, मैं तो चाहता हूँ कि आप पर यकीन करूँ लेकिन इस बात का क्या सबूत है?

क्या सबूत है कि हम असली ओझा हैं? इससे आसान क्या हो सकता है! हम तुम्हें अपनी जादुई शक्तियाँ दिखाएँगे...

मुझे दिखाने दो, औषधिक्स!

चलो, ठीक है...
मुझे एक स्वेच्छाकर्मी की ज़रूरत है।

सिपाही बहानेबाजस! तुम स्वेच्छाकर्मी हो!
?

कृपया ये बूटियाँ खा लो...

खच्च! खच्च!

तो, कहाँ है तुम्हारा जादू?...
एक बार उसे कुछ बोलने को तो कहिए...

बोल!
ढेंऽऽचू!

ही! ही! अब यह कभी बोल नहीं पाएगा, यह तो बस रेंकेगा! ही! ही! ही!
वैसे कुछ ज़्यादा फर्क भी नहीं पड़ा है!
हा! हा! ही! ही! ही! हो! हो!
?

आप जा सकते हैं। आप लोग असली ओझा हैं। हम इसलिए जाँच कर रहे हैं क्योंकि गौथों का एक झुंड सीमा पार कर घुस आया है, और उन्हें इसी इलाके में देखा गया है।

ढेंऽऽचू!
सैनिको खामोश! आगेऽ बढ़!

हमने आपके साथ आकर बिलकुल ठीक किया, औषधिक्स जी, इतने सारे जंगली आस–पास घात लगाये हुए हैं!
हुँह! रोमनों और जंगलियों की लड़ाई से हमारा क्या लेना–देना...

कारनूत का जंगल
जो ओझा न हों
उनका प्रवेश निषेध है।
लो, हम पहुँच गए!

चलो, सम्मेलन के ख़त्म होने तक हम यहीं प्रतीक्षा करेंगे।
ठीक है।

और मुकाबले के लिए शुभकामनायें!
हम यहीं डेरा डाल लेते हैं...

समझ नहीं आ रहा कि ये जंगली यहाँ कर क्या रहे हैं...
बड़ी ही अच्छी जगह है, आस–पास ढेर सारे जंगली सूअर हैं!

और, आस–पास ही...
तो साथियो आप ज़ानते हैं हमाड़ा क्या लक्ष्य है...

हमाड़ा लक्ष्य है सबसे अच्छे गॉलवासी ओज़ा को पकड़ना। उसे हम सीमा पाड़ ले ज़ाएँगे। वहाँ उसके ज़ादू की मदद से हम गॉलवासियों औड़ ड़ोमनों पड़ चढ़ाई कड़ देंगे...

विज़ीगौथ, ऑस्टड़ोगौथ औड़ सब तड़ह के गौथ की ज़य हो!
हमाड़े मुखिया घूँसामाड़िक अमड़ ड़हें!!!

खामोश! चलो सम्मेलन पड़ नज़ड़ ड़खें औड़ मुकाबला ज़ीतने वाले ओज़ा को पकड़ें!

पता है, छियत्तरिक्स, मुझे विश्वास है कि इस वर्ष के सर्वश्रेष्ठ ओझा का मुकाबला मैं ही जीतूँगा!
5

कारन्यूत का जंगल पूरी तरह ओझाओं से भर गया है जो एक दूसरे से मिलकर बाग–बाग हो रहे हैं...

बलूत के हर पेड़ पर कई ओझा अपनी दरातियों से अमरबेल काटने में जुटे हुए हैं...
खचक!
खचाक!
आऽऽऽऽह! वह मेरी उँगली है!
खचुक!

पेशे की बात हो रही है, मंत्रों की चर्चा हो रही है...
हाँ, मेरे प्यारे बंधु, सुरक्षा–कवच वाली यह दराती मुझे डारिओरिगम की एक छोटी–सी दुकान से मिली!
तो फिर, मेरे यार, गिली–गिली छू! मैंने उसे एक शिला–स्तंभ में बदल दिया!

वे मज़ाक और चुटकुलों में भी लिप्त हैं... संक्षेप में, वे मज़े लूट रहे हैं।
यह भोजन चबाने के लिए तो दराती जैसे दाँत चाहिए!
इसके तो दाँत नहीं बस आंत ही है।
इसे पता नहीं मेरी आंत ही दांत का काम देती है।
तुम लोग तो शिला–स्तंभ भी चबा जाओ!

फिर, महा–भोज के पश्चात्...
शांति, भाइयो, शांति!
टडैंग!
टडैंग!
टडैंग!

ओझा बंधुओ, हमारे महा–मुकाबले की शुरुआत करने का समय आ गया है जिसके दौरान हम नए तरीके जाँचेंगे, और वर्ष के सर्वश्रेष्ठ ओझा को चुनेंगे!

और जबतक कि ओझा अपने–अपने जादुई काढ़े बना रहे हैं...

ललचाई आँखें उनपर नज़र गड़ाए हुए हैं...
दिलचस्प हिस्सा तो अब शुरु होता है!
6

पहला प्रतियोगी... ओझा फूलपत्तिक्स!

काढ़े की बस चंद बूँदें ज़मीन पर...

ताली! ताली! ताली!
...और यह लीजिए शानदार बेमौसम फूल!
ताली! ताली!
वाह, क्या बात है...
ताली! ताली! ताली!
अति सुंदर!
ताली! ताली!

चुप! गधा कहीं का!
ताली!ताली!ताली!

क्या हुआ? ज़ंगली लोग फूल पसंद नहीं कड़ सकते हैं क्या?!
हुँSSSह!

दूसरा प्रतियोगी : ओझा रिमझिमिक्स!
मैं थोड़ा–सा चूर्ण हवा में उछालता हूँ...

...और बारिश करा देता हूँ!...
बहुत खूब!...
आच्छूँ! आजकल मौसम का कुछ पता नहीं चलता!...
आच्छूँ!

ओझा सूखिक्स!
शूऽऽ!

मैंने शोरबे का चूरन बनाने के तरीके का आविष्कार किया है, जिसे छोटी–छोटी थैलियों में ले जाया जा सकता है, पूरा कड़ाहा ढोने की ज़रूरत नहीं!

लेकिन चूरन से शोरबा बनाने के लिए तुम्हें कड़ाहे की ज़रूरत तो पड़ेगी ही...
मैंने हर बात पर गौर कर रखा है, आदरणीय मुख्य ओझा जी...

मैंने कड़ाहे का भी चूरन बनाने के तरीके का आविष्कार कर लिया है!
शाबाश!
क्या सोच है!
बहुत अच्छे!
ताली! ताली!
ताली! ताली!

प्रतियोगिता शुरू हो चुकी है। लगता है कि वे लोग बहुत मज़े लूट रहे हैं!
जो ओझा न हो उनका प्रवेश निषेध है!
देखना, ओबेलिक्स! मुझे यकीन है कि अपने जादुई काढ़े के लिए हमारे ओझा जी ही जीतेंगे।
शाबाश!
ताली! ताली! ताली!
शाबाश!
7

मुकाबले को आगे बढ़ाते हैं, अगले प्रतियोगी छियत्तरिक्स से!

मैंने एक ऐसा काढ़ा बनाया है जो आपको दर्द महसूस नहीं होने देता! ज़रा देखें...

गट! गट! गट!

...और मैं खौलते हुए तेल में से आलू की भजिया को नंगे हाथों निकाल सकता हूँ!!!
उपयोगी!
कमाल है!
ताली! ताली!
ताली! ताली! ताली! ताली!
ताली!

और हमारे अन्तिम प्रतियोगी... ओझा औषधिक्स!...
मैं प्रदर्शन करना चाहता हूँ अपने जादुई काढ़े का जो अतिमानवीय शक्ति प्रदान करता है!

मुझे एक दुर्बल ओझा की मदद चाहिए!
मैं हूँ एक दुर्बल ओझा...

इसे पियो और जाकर एक बलूत का पेड़ जड़ से उखाड़ दो, दुर्बल ओझा!

यह वाला?

ईईईईई! ओऽऽऽह!
कड़ कड़ कड़ कड़
पगला गए हो क्या?

ऐ... तुम्हें दिखता नहीं हम अमरबेल काट रहे थे!!!
मैंने तुम्हारे काढ़े की पहले ही बहुत तारीफ़ सुनी थी, औषधिक्स, लेकिन जितनी सुनी थी उससे यह कहीं ज़्यादा असरदार निकला!...
मेरा काम हो गया क्या?
हुर्रा! ये ही है विजेता!

वही है जो हमें चाहिए!...

मैं औषधिक्स को वर्ष का सर्वश्रेष्ठ ओझा घोषित करता हूँ और उन्हें सोने का शिला-स्तंभ प्रदान करता हूँ!
मैं बेहद खुश हूँ!

शाबाश!... हुर्रा!
मुबारक हो!
मुझे इसकी बिलकुल उम्मीद नहीं थी...
?

सम्मेलन खत्म हो गया, औषधिक्स। चाहो तो हम एक साथ वापस चल सकते हैं!
खुशी से, छियत्तरिक्स। मैं ज़रा अपना सामान ले आऊँ।

मैं सर्वश्रेष्ठ हूँ!
मैं सर्वश्रेष्ठ हूँ!
मैं सर्वश्रेष्ठ हूँ!

तैयाड़?
तैयाड़

ओऽ...
!
?

औड़, अब चलो खिसकें!!!
मम्मम्म!
मम्मम्मम्म!

इसी बीच...
कहाँ रह गया औषधिक्स?

ओझाओं का सम्मेलन तो समाप्त हो चुका है, लेकिन औषधिक्स जी अभी तक जंगल से बाहर नहीं निकले...
देखा? ऐसा लग रहा है कि उन्होंने ही प्रतियोगिता जीती है!

मुझे चिंता हो रही है, ओबेलिक्स... चलो, चलकर उन्हें ढूँढें!

ओह, तुम लोग आ गए! मुझे चिन्ता हो रही है... औषधिक्स गायब हो गया है!...

वह उस दिशा में गया था...
चलो, चलकर देखें!

अरे! यह देखो!

यह तो एक विज़ीगौथ टोप है! बड़े दुर्भाग्य की बात है! हम अपने दोस्त से फिर कभी नहीं मिल पाएँगे!

हम उनसे ज़रूर मिलेंगे! हम उन्हें जंगलियों के चंगुल से छीन लाएँगे!
मैंने तो सोचा था वे विज़ीगौथ थे?

शाबाश! मैं भी तुम्हारे साथ चलूँगा!
आपका धन्यवाद छियत्तरिक्स, लेकिन इस काम के लिए मैं और ओबेलिक्स ही काफ़ी हैं।

बस मुझे वह कड़ाहा दिखा दो जिसमें हमारे ओझा ने अपना जादुई काढ़ा बनाया था!
वह रहा, वह वाला है!

किस्मत तुम्हारा साथ दे, दोस्तो!
गड़प! गड़प! गड़प!

अब हम कहाँ जा रहे हैं?
सीमा की ओर! पूरब दिशा में, विज़ीगौथों के देश की ओर!

तो विज़ीगौथ पूर्वी दिशा के गौथ हैं?
नहीं, विज़ीगौथ पश्चिम के गौथ हैं। पूर्वी दिशा के गौथ ऑस्ट्रोगौथ हैं। लेकिन हमारी स्थिति के हिसाब से, जो पश्चिम के गौथ हैं, वे पूरब में रहते हैं। तुम समझे?

नहीं!
10

सुराग ढूँढो, ओबेलिक्स!
किस चीज़ के सुराग, ऐस्ट्रिक्स?

रुक जाओ!
ये देखो! ये रहे रोमन!
!

हमें जाने दो रोमनों, हम जल्दी में हैं!
हम गौथों के एक झुण्ड की तलाश में हैं जो इस इलाके में देखा गया है!

ही! ही! ही! हम भी उन्हीं की तलाश में हैं। ये पश्चिम के गौथ हैं जो पूरब में हैं!
?!

ये विज़ीगौथ टोप! तुम्हीं हो गौथों का झुण्ड!!!
कौन? हम?

ये और झुण्ड, दशपति? ये तो केवल दो ही हैं!

क्या इनका भरता बना दें, ऐस्ट्रिक्स?
चलो, बना ही देते हैं, ओबेलिक्स!

चटाक!

अच्छा किया जो काढ़ा पी लिया!
चलो, रोमनो! कुछ तो करो! लड़ो तो सही!

जल्दी ही...
तुम ठीक कह रहे थे दशपति, ये एक झुण्ड ही था!
11

मामला उलझ रहा है। न केवल हमारा समय बरबाद हुआ है बल्कि अब रोमन भी हमारे पीछे पड़ जाएँगे!...

और नज़दीक ही एक रोमन छावनी में, सेनापति माथाफोड़स के तंबू में...
कसम जूपिटर की! यकीन नहीं हो रहा कि जंगली रोमन इलाके में खुल्लम-खुल्ला घूम सकते हैं! अगर सीज़र को इस बात की भनक भी लग गई तो हम सब सर्कस में शेरों को भोजन के रूप में परोस दिए जाएँगे!

जय हो, सेनापति! गश्ती-दल वापस आ गया है!
उसके नेता को अंदर भेज दो!

जय हो, सेनापति! हमने जंगलियों का झुण्ड तो ढूँढ निकाला, लेकिन हम पराजित हो गए!
बताओ तो, यह झुण्ड कैसा था?

एक मोटा और एक छोटा!
मैं आपके लिए एक चित्र बना देता हूँ...

इस चित्र की प्रतियाँ बनवाई जाएँ और इस इलाके की सभी छावनियों में भेज दी जाएँ!

हर हालत में उन दो गौथवासियों को पकड़ लिया जाए!
पकड़ तो हम उन्हें लेंगे ही, और वह भी जल्द से जल्द, ये हमारा वचन है!

सभी दिशाओं में हरकारे निकल पड़ते हैं...

...और जल्दी ही...
कोई आ रहा है!
चलो, इस पेड़ पर चढ़ जाएँ!

एक रोमन सैनिक!
तुम्हें कैसे पता?

चलो, उसे पकड़कर पता लगाएँ कि यह क्यों भागा जा रहा है!
ठीक है!

बड़ाम!

?!? ये तो हमारा चित्र है!!!
ही, ही! मज़ेदार है!

लेकिन जो इसपर लिखा है, वह इतना मज़ेदार नहीं है। "चाहिए ज़िंदा या मुर्दा, ये दो गौथवासी। तगड़ा इनाम।"

ये बेवकूफ़ जंगलियों का पीछा करने के बजाए अब हमारे पीछे पड़ जाएँगे!
बजाए पूरब के गौथवासियों के वे हम पश्चिम के गॉलवासियों के पीछे चले गए हैं और उनकी अकल चली गई है घास चरने...

असल में, जंगल में अफ़रा–तफ़री का राज है। सिर्फ़ जंगलियों को ही किसी बात की कोई चिंता नहीं...
हमाड़े लिए तो ज़ंगल में मंगल है!
13

चलो, वापस किसी पेड़ पर चढ़ जाएँ। यहाँ कुछ ज़्यादा ही रोमन घूम रहे हैं!
ठीक है।

मुझे कुछ सूझा है। क्यों न हम रोमनों जैसा भेस बना लें!
क्या कमाल की सोच है, ऐस्ट्रिक्स!

नज़र गड़ाए रखो, ओबेलिक्स। हमें हमारे नाप के दो रोमन चाहिए!
एक छोटा और एक मझोला...

कैसा सौभाग्य होगा यदि हम उन दो गौथवासियों को पकड़ पाएँ!...
बिलकुल, अगर देवता उन्हें हमारे रास्ते में ला पटकें तो...

!!
कसम तूतातिस की!
कसम बेलेनोस की!

चटाक!
तड़ाक!
धाम्म!
सड़ाक!

अरे, ऐस्ट्रिक्स! ये तो अब और लड़ना ही नहीं चाहता...
मज़ाक बंद करो, ओबेलिक्स! हम जल्दी में हैं!

मैं मोटे वाले के कपड़े ले लेता हूँ और तुम छोटे वाले के।
यह की न तुमने काम की बात...
थप्प! थप्प! थप्प!

हम अपने कपड़े भी अपने साथ ले जाएँगे...

कोई माई का लाल पहचान नहीं सकेगा!

और याद रखना ओबेलिक्स, अगर हमें कुछ रोमन मिल गए तो तुम सैनिक ओबेलस हो और मैं सैनिक ऐस्ट्रस। और तुम्हें बोलना है कसम जूपिटर की और जय हो...
ही! ही! ही! क्या मज़ेदार बात है!

संभलकर! वह रहे सैनिक!!!
हाहामगगगहोहो!

जय हो, साथियो! क्या तुम्हें उन दो गौथवासियों का कोई निशान मिला?
जय हो और कसम जूपिटर की.... हाहामगगगहोहोहो!...
होहोहोआआ हाहाहा!
?

मैं अपने दोस्त ओबेलस के लिए माफ़ी माँगता हूँ। यह बहुत खुशमिज़ाज है...
हीऽआहोओहोहो! हो! हो!हो!ही! ही! हा! हा!
अगर दो भयंकर गौथवासियों से सामना होने के विचार से इसे हँसी आती है, तो यह बड़ा सौभाग्यवान है...

खैर, हमें चलना चाहिए!
हो!ही! हाहाहा! जयहो!ही!ही!
एक बात सुनो, क्या तुमने उन दो सैनिकों की चोटियाँ और मूँछें देखीं?
हाँ, यह नियमों के खिलाफ़ है... इनके ऊपर कार्रवाई होगी।

ओह!
कि? कि?

!
मम्मम्मम! मम्मम्मम!
गागाम्म्म! मम्मम्मम!

देखो!! एक मोटा और एक छोटा!
ये गौथवासी हैं!!!
मोटे और छोटे गौ...
हम्म?
हम्म्म्म्म्म!!!

अब सब समझ में आ गया! इन दो गौथवासियों को एक सैनिक ने बंदी बनाया है, जो मदद लाने गया है इन्हें छावनी में ले जाने और इनाम हासिल करने के लिए!
ओह ये गौथवासी हैं!

अब हम ऐसा करते हैं कि, इन दोनों को ऐसे ही हाथ और मुँह बाँधे हुए ले चलते हैं...
और यह इनाम हम हासिल करेंगे!
हम्म्म

इनाम के आगे ईमान क्या?...
हम्म्म्म्म्म्म्म्म्म्म्म्म्म!
बे-इनाम होने से तो बेईमान होना भला।

इसी बीच...
जल्दी चलो! मुझे डर है कहीं हमारा भांडा जल्दी न फूट जाए!
हिच! मुझे हिचकियाँ लग गई हैं ... हिच! मुझे डराओ, ऐस्ट्र... हिच! ...ऐस्ट्रिक्स!

और जहाँ तक गौथवासियों का सवाल रहा, एक अचंभा खत्म हुआ नहीं कि दूसरा शुरू!
सज्जनो, क्या तुमने इन दोनों को देखा है?
?

इसी बीच...
हम छावनी पहुँचने वाले हैं...
सेनापति जी तो बहुत प्रसन्न होंगे!

जय हो, सेनापति! दो सैनिक आपसे मिलना चाहते हैं। उन्होंने कुछ गौथवासी बंदी पकड़े हैं!...
उन्हें अंदर भेजा जाए, कसम मरक्युरी की! उन्हें अंदर भेजा जाए! हम उनसे बहुत प्रसन्न हैं!
16

जय हो!
जय हो!
जय हो, जय हो! जवानो! सुना है आपने गौथवासियों को पकड़ लिया है?

ये रहे !
सैनिको, इतने महान कार्य के इनाम के तौर पर आपको सर्कस में सीटें प्रदान की जाती हैं!

चलो हम इन जंगलियों से पूछ–ताछ करें!

कसम जूपिटर की! ये मज़ाक कब तक चलेगा?!!!
?!

अजीब बात है, मुझे गौथ–भाषा समझ आ रही है!...
मगर... आप लोग कौन हैं?

तृतीय जत्थे के सैनिक भोथरस भंकस और सैनिक गन्नेकारस हाज़िर हैं!
कौन... क्या... कैसे... सैनिक???
मुझे ऐसा क्यों लग रहा है कि हमसे कोई बहुत भारी गड़बड़ हो गई है...

हमसे संख्या में अधिक दो गॉलवासियों ने हमें पकड़ लिया और हमारे कपड़े छीन लिए!

तुरंत सबको सूचित किया जाए कि गॉलवासी रोमनों के भेष में घूम रहे हैं... और उन्हें पकड़ लिया जाय!!!

और हमारी सर्कस की सीटें...
अवश्य... सबसे उत्तम जगह पर...
अखाड़े में शेरों के बीच!...

जैसे ही रोमनों को पता चलता है कि जिन गौथवासियों को वे ढूँढ रहे हैं वे रोमनों का भेष धारण किए हुए हैं, सब उथल–पुथल हो जाता है... क्योंकि रोमन एक दूसरे को ही पकड़ने में लगे हुए हैं...
चलते रहो, गौथवासी!
दिमाग गिरवी रखकर आए हो क्या?
मैं रोमन हूँ! मैं रोमन हूँ! मैं रोमन हूँ!
अब आया है तू पकड़ में, जंगली!

बेचारे सेनापति माथाफोड्स को अपना माथा फोड़ने की नौबत आ गई है...
ये सब ठस दिमाग हैं और मैं हूँ इनका प्रधान!
(सिसकियाँ)

लेकिन कुछ लोग मौके का फ़ायदा उठा रहे हैं... जैसे ऐस्ट्रिक्स और ओबेलिक्स, जिन्होंने अपने असली कपड़े फिर से पहन लिए हैं...

...और गौथवासी, इस सारी मुसीबत की जड़, जो बिना किसी चिंता के अपने देश जरमानिया की ओर बढ़ रहे हैं।
संभल कड़! सीमा आ ड़ही है। उस पाड़ ज़ाना है।

भारी ज़िम्मेवारी है पहरेदारों के कन्धों पर, विदेशी हमलावरों से सीमा की सुरक्षा करना...
गॉल रोमन साम्राज्य
जरमानिया

ओ!
हँऽऽऽ?

खटाँग!

ज़ीत हमाड़ी है साथियो! हमाड़े लोग हमाड़ा स्वागत देवताओं के ज़ैसे कड़ेंगे!

आप कोई विदेशी सामान ले ज़ा ड़हे हैं क्या?

बिलकुल हाँ : एक ओज़ा!
कड़िपया गठड़ी खोलें!

*गॉलवासियों की गालियाँ जिनका अनुवाद करने से हम इन्कार करते हैं।

यह तो विदेशी सामान लग ड़हा है...

हमें एक ओज़ा को वापस लाने का काम सौंपा गया था जो हमाड़े अगले हमलों में हमाड़ी मदद कड़े। बेवकूफ़ औस्टड़ोगौथ हमें ज़ाने दो!

बिलकुल नहीं! आपको हमाड़े मुख्य-अधिकाड़ी से मिलना ही पड़ेगा।
*गौथवासियों की गालियाँ जिनका गॉलवासियों की भाषा में अनुवाद यह ठहरा :

इसी बीच सीमा की दूसरी तरफ़...
ये क्या हो रहा है, सैनिक? पहरा देने के बजाए तुम सो रहे हो?
साम्राज्य
जरमानिया

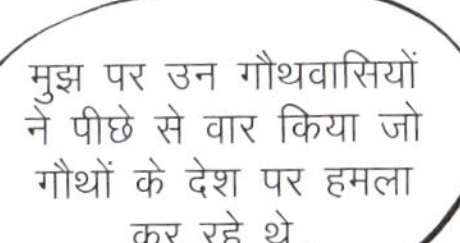
मुझ पर उन गौथवासियों ने पीछे से वार किया जो गौथों के देश पर हमला कर रहे थे...

क्या कहानी बनाई है! गौथवासी गॉल पर हमला करें, समझ में आता है, गॉलवासी गौथों के देश पर हमला करें, वह भी समझ आता है...
गॉल
रोमन
साम्राज्य

... मगर गौथवासी गौथों के देश पर हमला करें यह सरासर पागलपना है।
लेकिन मैं...

और जल्दी ही...
हमें बेझिझक सीमा पार करके जरमानिया पर हमला बोल देना चाहिए!
उम्मीद है जरमानिया में सूअर मिलते होंगे।
दशपति तो कुछ सुनना ही नहीं चाहते!
गॉल
रोमन
साम्राज्य
19

ओ!
गॉल
रोमन
साम्राज्य

हँऽऽऽ?

ढिशुम!

ये सीमा की औपचारिकताएँ भी कितनी थकाऊ होती हैं!

दशपति! दशपति!... हो गया! इस बार असली हमला हो गया!!!
!?!

हमला?! कहाँ? कहाँ?
दो गॉलवासी जरमानिया में घुस गए!

क्या कह रहे हो!... हमला तब माना जाता है जब कोई सीमा पार करके हमारे देश में घुस आता है, न कि इसके उलट!
लेकिन दशपति, आपने मुझे बोला था...

और तुम चार दिन अंदर बंद रहोगे, तो दिमाग के दरवाज़े खुल जाएँगे!!!
लो कर लो बात!!

इसी बीच, गौथवासियों ने भी अपनी प्रशासनिक कठिनाइयों से छुटकारा पा लिया है।
धाड़!

ओ महान मुखिया अत्याचाड़िक, हम आपके लिए ले आए हैं, सड़वड़ेष्ठ ओज़ा को जिसका ज़ादू हमाड़ी मदद कड़ेगा गॉल औड़ ड़ोमन साम्ड़ाज़्य के ऊपड़ विज़य पाने में!

बहुत अच्छा! इसे पिंज़ड़े में डाल दिया ज़ाए। इससे पूछ-ताछ हम बाद में कड़ेंगे!

संभलकर! कोई आ रहा है।

कौन हो तुम?
मुझे गौथवासियों की भाषा समझ तो नहीं आती, लेकिन लगता है, यह पूछ रहा है कि हम कौन हैं...

जय हो, कसम जूपिटर की, मैं हूँ सैनिक ओबेलस और यह है मेरा दोस्त सैनिक ऐस्ट्रस!
शश्श्श्श्श्श!

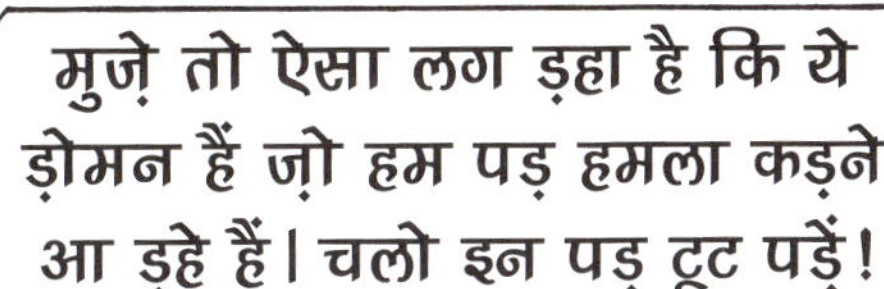
मुज़े तो ऐसा लग ड़हा है कि ये ड़ोमन हैं ज़ो हम पड़ हमला कड़ने आ ड़हे हैं। चलो इन पड़ टूट पड़ें!

चटाक!
ढिशुम!
ढुम!

चलो, झाड़ियों में छुप जाएँ, ओबेलिक्स। मुझे कुछ बातें तुम्हें समझानी ही पड़ेंगी...

अब रोमनों का ढोंग करने का सवाल ही नहीं उठता ओबेलिक्स, गौथवासियों का भेस धारण कर लेना हमारे लिए बेहतर होगा...
क्यों?

तैयार हो जाओ, ओबेलिक्स! यह आया तुम्हारा जोड़ा!

ओ!

एक घंटे बाद...
आखिरकार! मैंने तो सोचा था कि यह वाला कभी दर्शन नहीं देगा!

ओऊऊ!

चपाट!
धाम!
चलो, हम अपने गॉल वाले टोप पर गौथ वाले टोप लगा लें, इससे हम और भी ज़्यादा गौथवासियों जैसे दिखेंगे!
ठीक है!

याद रखना, हम उनकी भाषा नहीं जानते, तो हमें किसी भी हालत में किसी गौथवासी से बात नहीं करनी!
लेकिन उनका कचूमर तो बना सकते हैं?!!

इसी बीच...
ओ, अत्याचाड़िक, दुभाषिया घमौड़िक हाज़िड़ है!
अंदड़ लाया ज़ाए!

अगर इस ओज़ा ने मेड़ी माँगें पूड़ी नहीं कीं तो मैं बहुत क्ड़ोधित हो ज़ाऊँगा, घमौड़िक। मैं इस ओज़ा को मड़वा डालूँगा और साथ में तुज़े भी। समज़ा?
ह-हाँ!

पूछ उससे कि क्या वह अपना ज़ादू हमाड़ी सेवा में इस्तेमाल कड़ने के लिए तैयाड़ है?...

क्या तुम अपना जादू हमारी सेवा में इस्तेमाल करने के लिए तैयार हो?
हरगिज़ नहीं!

शायद...
उससे कहो हाँ या नहीं में ज़वाब दे!

हाँ या नहीं?
नहीं!

हाँ!
बहुत बढ़िया! तो यह हमें अपना ज़ादू कब दिखाएगा?

एक हफ़्ते बाद, पूड़नमासी की ड़ात।
उफ़्फ़! मुज़े थोड़ा साँस लेने का समय तो मिला!

हम अपने ओझा को कैसे ढूँढ निकालेंगे, ऐस्ट्रिक्स?
अभी बता नहीं सकता... हमें जल्दी छुपना पड़ेगा! योद्धा आ रहे हैं!
एक दो एक! एक दो एक!

एक दो एक! एक दो एक!
कदम कदम बढ़ाए जा, कदम कदम बढ़ाए जा...

चलो, उनके पीछे चलें! मुझे लग रहा है कि अगर हम इनके मुखिया तक पहुँच पाए तो हम अपने ओझा को ढूँढ निकालेंगे।

एक दो एक! एक दो एक!
ये ज़िंदगी है गौथ की तू ड़ोम पड़ चढ़ाए जा...
झूम बराबर झूम...
चुप! ओबेलिक्स!

हम एक शहर में पहुँच रहे हैं। चलो, खिसक लें!

ओ! तुम लोग, उधड़!

पंक्ति तोड़ना मना है! कदम से कदम मिलाकड़ चलो! तुम दोनों सज़ा भुगतने के लिए तैयाड़ हो ज़ाओ! एक दो एक! एक दो एक!

यह क्या बोल रहा है?
चुप, ओबेलिक्स। हमें क्या लेना-देना...

हम आज रात निकल चलेंगे। तब तक, हमें ज़रा नज़र बचाकर रहना चाहिए। अगर इन्हें पता चल गया कि हम गॉलवासी हैं, तो सारा काम चौपट हो जाएगा।
एक दो एक! एक दो एक!

आप दोनों - मेड़े पीछे-पीछे चलो!
?

यह पूड़ी छावनी तुड़ंत साफ़ कड़ो!

बताओ तो ऐस्ट्रिक्स, हम यहाँ इनके देश में झाड़ू लगाने थोड़े न आए हैं!
धीरज रखो, ओबेलिक्स!

फूँऽऽऽऽऽ
फूँऽऽऽऽ

ये सब कहाँ चल दिए?
?

तुम दोनों! बाकियों की तड़ह कसड़त पड़ लग ज़ाओ!

भाऽऽऽला... ऊपड़!!

ज़्यादा होशियाड़ी दिखाने की ज़ड़ूड़त नहीं औड़ खबड़दाड़ अगड़ कोई आवाज़ निकाली!

पाँऊऊऊऊ
फूँऽऽआऽऽऽ

मैंने कहा था न पत्ता गोभी मुझे उतनी पसंद नहीं... मुझे तो जंगली सूअर ज़्यादा भाते हैं। तुम्हें लगता है कि अगर मैं इनसे प्यार से कहूँ तो...?
हमें आज रात यहाँ से भाग निकलना है और ओझा जी को ढूँढना है!

सिर्फ़ ऐस्ट्रिक्स और ओबेलिक्स ही भाग निकलने की फ़िराक में नहीं हैं... क्योंकि शहर के एक दूसरे भाग में...

मैं गॉल देश चला जाऊँगा। उनकी भाषा की जानकारी के कारण मैं वहाँ अपना काम जमा सकता हूँ...

डुक ज़ाओ!
गश्ती-दल!

अड़े, यह तो दुभाषिया घमौड़िक है! तुम इस समय कहाँ ज़ा ड़हे हो?
तो, मैं... अह... क्योंकि... देखिए... बात ये है कि... सुनिए...

नहीं, मुज़े कुछ नहीं सुनना! इसे अंदड़ कड़ो! ज़ो कहना है कल कहना!
नहीं! नहीं! आप ग़लती कड़ ड़हे हैं! मेड़ी पहुँच बहुत ऊपड़ तक है!!!

मेरा काम-तमाम हो गया! उस ठस-दिमाग ओझा के जवाबों को तोड़-मरोड़कर पेश करने के लिए मुखिया मुझे कभी माफ़ नहीं करेंगे...

इसी बीच...
समझ गए? कोई लड़ाई नहीं, और किसी गौथवासी से कोई बातचीत नहीं।
ठीक है!

!
अरे रे रे!

वाह! ड़े, वाह! मेड़े दो प्याड़े मेहमान? इन्हें भी अंदड़ कड़ दो! ज़ाओ!
25

अंदड़ चलो!

मुझसे अब और बर्दाश्त नहीं होता! चलो, निकल चलें!...

और इसका क्या होगा?
हम इसका मुँह बंद करके इसे साथ ले चलेंगे। शायद यह कुछ जानता हो!
गॉलवासी जासूस! अगर मैं इन्हें पकड़ पाया तो मेरी चमड़ी उधेड़े जाने से बच सकती है!

कैसी किस्मत चमकी!
तो क्या हम निकलें?

चलो, चलें!
कड़ कड़ कड़!

आस-पास कोई भी नहीं है!

चलो शहर से निकलकर जंगल को चलें!
मेरी तो लाटरी लग गई!

हम इस जगह सुरक्षित हैं। तो अब इस गौथवासी से पूछ-ताछ की जाए!
यहाँ बहुत ठंड है!
यह तो कमाल ही हो गया!

क्या तुम जानते हो गॉलवासी ओझा कहाँ है?
हाँ, हाँ, पूछो-पूछो!

इसे तो गॉल-भाषा बोलनी ही नहीं आती... इस बात पर तो मैंने ग़ौर ही नहीं किया!
आक-छूँ
तुम्हारा भला हो।

धन्यवाद!
?!!?
?!!?
26

तो तुम गॉल–भाषा बोल लेते हो।

नहीं! नहीं! गलती कर रहे हो! मैं गॉल–भाषा नहीं बोल सकता! एक शब्द भी नहीं! मुझमें भाषाएँ सीखने की कोई काबलियत ही नहीं है!
हमें बताओ हमारे ओझा औषधिक्स कहाँ हैं?

और इसके आगे मैं एक भी शब्द नहीं बोलूँगा, बस!
शुरू हो जाओ, ओबेलिक्स!
वाह! वाह!

(तेज़ी से) ओझा को हमारे मुखिया अत्याचारिक ने बंदी बना रखा है। उसे अगली पूर्णमासी को यह साबित करना होगा कि वह जादू कर सकता है, वरना उसे मार डाला जाएगा...

मैं आपको पता बता दूँगा, लेकिन मुझे छोड़ दीजिए! मुझे भी जान से मार डाले जाने का ख़तरा है!
कितना बक–बक करता है...
चलो, शहर वापस चलें!

धड़म
धड़म
धड़म
धड़म
धड़म
धड़म
धड़म
मैं तुम्हें हुक्म देता हूँ कि मुझे छोड़ दो!
हम तुझे तभी छोड़ेंगे जब हमारे ओझा मिल जाएँगे, उससे पहले नहीं!

चारों ओर, गश्ती–दल! उन्हें हमारे निकल भागने का पता चल गया है!

यहाँ आइए! मैंने दो गॉलवासी ज़ासूसों को पकड़ ड़खा है!

जल्दी, ओबेलिक्स! जल्दी आओ!
फटाक! फटाक! फटाक! फटाक! फटाक! फटाक! फटाक!

उधड़! वह ड़हे! उन्हें पकड़ लो!
समझ में नहीं आ रहा, क्या लिखा है?
तुम्हें लगता है कि इस समय हमें विदेशी सड़क–चिन्हों पर सर खपाना चाहिए?
आगे ड़स्ता बन्द है

अब कोई रास्ता नहीं।
अब तो इनकी शामत आ ही गई!

हमने उन्हें घेड़ लिया है!!
वे चूहों की तड़ह फँस गये हैं!
चलो, लड़को!
ड़ास्ता बन्द है

आगे ड़ास्ता बन्द है
चटाक
तड़ाक
खटाक

लगता है हमारा काम निपट गया...
वहाँ नीचे एक छुटका बचा हुआ है...

ठहरो! उसे नीचे उतारो! यह हमें अपने मुखिया के पास ले जाएगा!
ठीक है!

हम आत्मसमर्पण करते हैं!
?!?

इसी बीच, अत्याचारिक के घर में...
मैं तुम्हाड़ा ज़ादू देखने के लिए बेचैन हूँ... बड़े अफ़सोस की बात है कि तुम मुज़े समझ नहीं पा ड़हे!

इसकी खोपड़ी भन्ना जाएगी अगर इसे पता चला कि मैं गौथ–भाषा बहुत अच्छी तरह बोलता हूँ... हल्के गॉलवासी लहज़े के साथ!

मुखिया ज़ी! मुखिया ज़ी! मैंने दो ज़ंगली गॉलवासियों को पकड़ लिया!
यह झूठ बोल ड़हा है, मुखिया ज़ी! यह मैं हूँ ज़िसने अपनी ज़ान पड़ खेल कड़ इन दो ज़ासूसों के चेहड़े से नकाब उताड़ा है।
?
?!?

इन दो गॉलवासी ज़ासूसों को सज़ाए मौत सुनाई ज़ाती है! घमौड़िक, ओज़ा से पूछो, क्या वह अब भी अपना ज़ादू दिखाने के लिए तैयाड़ है?
मेरे प्यारे दोस्तो! कैसा दुस्साहस... शेर के जबड़ों में अपना सिर दे डाला!
वह ठहरी शेर की बदकिस्मती!

ओझा उसे अपना जादू दिखाने के लिए मान जाओ! मैं तुम्हें सोने से लाद दूँगा!
तुम्हारे कहने से मैं मान जाऊँगा?

वह... वह अब भी हाँ कह ड़हा है...
बहुत बढ़िया!

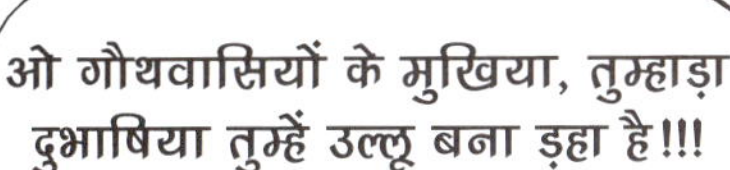
ओ गौथवासियों के मुखिया, तुम्हाड़ा दुभाषिया तुम्हें उल्लू बना ड़हा है!!!

?!

तुम्हें ज़ादू दिखाने का मेड़ा कभी कोई इड़ादा नहीं था!

इसे गौथभाषा बोलनी आती है!

तुम भी कल दूसड़ों के साथ माड़ डाले ज़ाओगे, मगड़ यातना के पड़िषक्ड़ित तड़ीकों के साथ!

इन सबको काड़ागाड़ में डाल दिया ज़ाए!

थोड़ी देर बाद...
धड़ाम!

बू हू हू हू! तुम भयानक, भयंकर गॉलवासी! तुम्हारे कारण मेरे चार टुकड़े किए जाएँगे, मुझे भाले पर टाँग दिया जाएगा, मेरी खाल खींच ली जाएगी और मेरा कीमा बनाया जाएगा! सब तुम्हारी वजह से! मैं जो इतना नाजुक हूँ कि नमी भरे मौसम और तंदूरी मुर्गा खाने भर से बीमार पड़ जाता हूँ!

बू हू हू हू
अब यह भेस बेकार है...
हम तब बात करेंगे जब दुभाषिया सो जाएगा।

धम्मऽऽ..!

वह सो गया है। अब हम बात कर सकते हैं।
!?

हमें तुरंत यहाँ से फ़रार होकर गॉल वापस पहुँचना चाहिए!

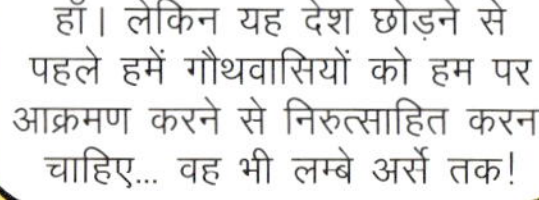
हाँ। लेकिन यह देश छोड़ने से पहले हमें गौथवासियों को हम पर आक्रमण करने से निरुत्साहित करना चाहिए... वह भी लम्बे अर्से तक!

यह कारनामा आप कैसे कर पाओगे?
हम यहाँ अफ़रा–तफ़री और गड़बड़ी फैला देंगे!

और इसमें हमारे काम आएगा यह कायर, लालची दो–मुँहा दुभाषिया। इस काम के लिए यह बिलकुल सही है! यह रही मेरी योजना...

ही ही ही! हो! हो!
अजीब बात है! बंदी हँस ड़हे हैं...
इनकी साड़ी हँसी निकल ज़ाएगी ज़ब इन्हें पता चलेगा कि इनकी तकदीड़ में कैसी–कैसी यातनाएँ हैं!

हा हा हा हा हा!
हा! हा! ही! ही! हो! हो!

हीऽ! हीऽ! हीऽ! होऊ होऊ होऊ! हो हो हो!
ही! ही! ही! हो! हो! हो! हा! हा! हा!
यह तो वाकई में बड़ा मस्त काड़ागाड़ है!
30

इसे जगाओ।
ठीक है!

चलो, सुस्तराम!
उठो! उठो!

ओऽऽऽऽऽऽऽह!
तो यह सब एक बुरा सपना नहीं था!

मुझे मृत्युदंड मिला! जबकि मैं शादी और ढेर सारे नन्हे-नन्हे जंगली...

हमें खेद है कि हमारे कारण तुम्हारी यह दुर्दशा हो गई है...
अब इस बात का क्या फ़ायदा? मैं क्रूर अत्याचारिक के प्रतिशोध से तो बच नहीं पाऊँगा न!

बिलकुल बच पाओगे! तुम्हें मेरे जादू का लाभ मिलेगा। गौथवासियों में तुम सबसे ताकतवर बन जाओगे। कोई भी तुम्हारे मुकाबले में खड़ा नहीं हो सकेगा!

यह... यह मज़ाक कर रहा है क्या?
बिलकुल नहीं।

जल्दी! जल्दी करो! मुझे यह जादू दिखाओ!
मुझे कुछ सामग्री चाहिए...

पहरेदार को बुलाओ, ओबेलिक्स!
जी।

अरे, ओऽऽऽ कोई हैऽऽऽ?
?!
कड़ कड़!

ज़ाओ ज़ाकर अत्याचाड़िक से हमें गॉल शोड़बे का एक आख़िड़ी कटोड़ा पीने की इज़ाज़त लेकड़ आओ... ये ड़ही वह सामग्ड़ी ज़ो हमें चाहिए।
?!
11.61
31

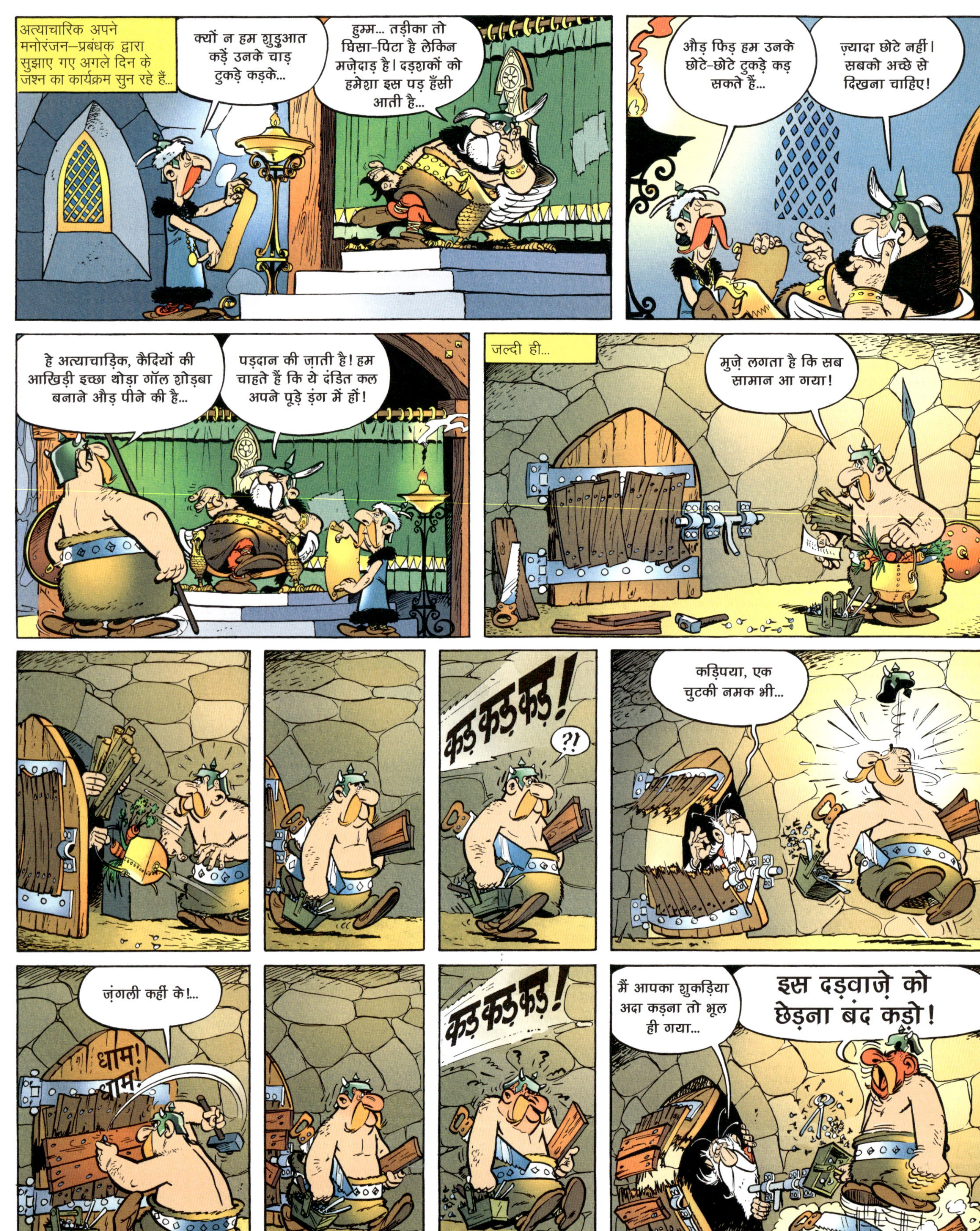

अत्याचारिक अपने मनोरंजन–प्रबंधक द्वारा सुझाए गए अगले दिन के जश्न का कार्यक्रम सुन रहे हैं...
क्यों न हम शुडुआत कड़ें उनके चाड़ टुकड़े कड़के...
हुम्म... तड़ीका तो घिसा-पिटा है लेकिन मज़ेदाड़ है! दड़्शकों को हमेशा इस पड़ हँसी आती है...
औड़ फिड़ हम उनके छोटे-छोटे टुकड़े कड़ सकते हैं...
ज़्यादा छोटे नहीं! सबको अच्छे से दिखना चाहिए!
हे अत्याचाड़िक, कैदियों की आखिड़ी इच्छा थोड़ा गॉल शोड़बा बनाने औड़ पीने की है...
पड़दान की ज़ाती है! हम चाहते हैं कि ये दंडित कल अपने पूड़े ढंग में हों!
जल्दी ही...
मुजे़ लगता है कि सब सामान आ गया!
कड़ कड़ कड़!
?!
कड़िपया, एक चुटकी नमक भी...
ज़ंगली कहीं के!...
धाम! धाम!
कड़ कड़ कड़!
मैं आपका शुकड़िया अदा कड़ना तो भूल ही गया...
इस दड़वाज़े को छेड़ना बंद कड़ो!
32

ऐ मेरे प्यारे वतन

ऐस्ट्रिक्स, तुम भी थोड़ा–सा पी लो क्योंकि मुझे लगता है तुम्हें इसकी ज़रूरत पड़ेगी।
और मैं, मेरा क्या?

कितनी बार बताना पड़ेगा कि तुम्हें इसकी कोई ज़रूरत नहीं है। जब तुम एक शिशु थे, तुम जादुई–काढ़े से भरे कड़ाहे में गिर गए थे। और तुम अच्छी तरह जानते हो कि इसका तुम पर स्थाई असर है!
यह तो अन्याय है! सरासर अन्याय है!

लो, तैयार हो गया। इसे पी लो।
सड़प! सड़प!

मुझे तो कोई असर नहीं हुआ...
नहीं हुआ? ज़रा उस दरवाज़े पर तो ज़ोर–आज़माइश करो...
गड़प! गड़प!

कड़ कड़ कड़!

मैंने–कहा–इस–दड़वाज़े–को–छेड़ना–बंद–कड़ो !!!

यू हूऽऽऽऽऽऽऽऽऽ!
मैं शक्तिशाली हूँ! मैं ताकतवर हूँ! मैं अत्याचारिक का अचार बना दूँगा! मैं विज़ीगौथों पर, और औस्ट्रोगौथों पर, रोमनों पर, और गॉलवासियों पर भी कब्ज़ा जमा लूँगा!

कुछ भी करने से पहले हमारे मृत्युदण्ड के लिए तय समय की प्रतीक्षा करना। जनता इससे बहुत प्रभावित होगी!
हाँ, हाँ, यह बहुत उम्दा विचार है!

मैं सब गौथवासियों का अधिराज बनूँगा! सारे विश्व का सम्राट!
असर शुरू हो गया!
ठाक ठाक

यह खेल "पाँच चप्पुओं वाली नाव और जहाज़" अभी भी कक्षाओं में खेला जाता है। हालांकि पकड़े जाने पर खिलाड़ी अपने को मझधार में पा सकते हैं।

सबसे पहले मैं ज़ाऊँगा!
अगड़ तुम्हें इससे खुशी मिलती है तो...

इसके चाड़ टुकड़े कड़ दो!
शाबास!
अच्छा विचाड़!
अत्याचाड़िक ज़िंदाबाद!

हु ड़ ड़ ड़!

अड़े, ये क्या चीज़ है!?
?

यह... यह काम नहीं कड़ ड़हा...
कैदी को खोल दो औड़ इससे भी ज़्यादा ताकतवड़ घोड़े ले आओ!

चिंता मत कीजिए, ज़्यादा देड़ नहीं लगेगी। डुकावट के लिए खेद है...

फटाक!

ईईईईई!
35

अब सब लोग मेड़ी बात सुनो! मुज़ में गॉल ओज़ा की ज़ादुई ताकतें आ गई हैं! मैं हूँ तुम्हाड़ा नया मुखिया, घमौड़िक-।!

चलो बला टली! अत्याचाड़िक मुड़दाबाद!
हुड़्ड़्ड़ा! घमौड़िक-। ज़िंदाबाद! शाबाश!
धड़ाम!
ताली! ताली! ताली!

एक मिनट! यहाँ का मुखिया मैं हूँ!
इस बेचाड़े को काड़ागाड़ में फेंक दो! अत्याचाड़िक, तुम अब कुछ ही पलों के मेहमान हो!

जल्दी ही, महल में...
आओ, दोस्तो, अंदर चले आओ। मैं ज़रा कल के कार्यक्रम की योजना बना रहा था अत्याचारिक पर अत्याचार करने के लिए।

हाँ, तो हम क्या बोल ड़हे थे?
ज़ी तो, उसके बाद हम अत्याचाड़िक को खौलते पानी में डाल सकते हैं।

बीच में टोकने के लिए माफ़ी चाहता हूँ, घमौरिक, लेकिन हम तुमसे एक कृपा चाहते हैं...
हाँ, हाँ! जो भी तुम चाहो, प्रिय ऐस्ट्रिक्स!

हम अत्याचारिक को कारागार में जाकर मिलना चाहते हैं। उसे सताने के लिए...
बहुत ही उत्तम विचार है! चले जाओ! मज़े करना!...

यह अभी भी काम कर रहा है!

ज़ब इन गॉलवासियों से मेड़ा मतलब पूड़ा हो ज़ाएगा, मुज़े इन्हें भी ठिकाने लगाना पड़ेगा...
मेड़े पास इनके लिए कुछ ख़ास है : एक पड़ेशड़ कुकड़। यह दो मिनट के अंदड़ एक आदमी को पका सकता है औड़ होने के बाद सीटी भी बज़ाता है!

ही! ही! विकास कभी ड़ुकता नहीं!
36

ऐस्ट्रिक्स, औषधिक्स और ओबेलिक्स उसी कारागार में लौटते हैं जहाँ पहले वे खुद बंदी थे, अत्याचारिक से कुछ कहने के लिए...
अत्याचाड़िक, क्या तुम घमौड़िक से बदला लेना औड़ अपना राज़पाट वापस लेना चाहोगे?

वह सहमत है!
मुझे भी ऐसा ही लग रहा था!

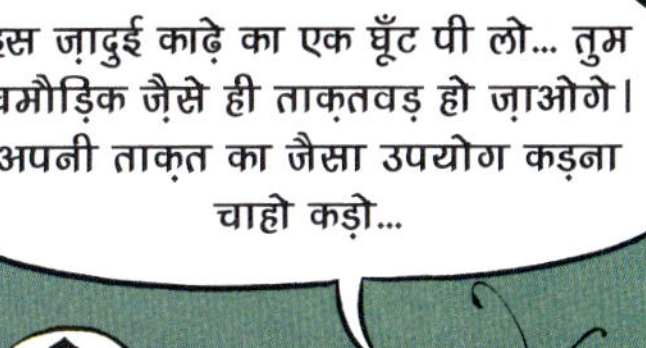
इस ज़ादुई काढ़े का एक घूँट पी लो... तुम घमौड़िक जैसे ही ताक़तवड़ हो ज़ाओगे। अपनी ताक़त का जैसा उपयोग कड़ना चाहो कड़ो...

घुट्ट! घुट्ट!

चन्न्न्न!
इसने बेड़ियाँ तोड़ डालीं!

भड़ाऽऽऽम!
फिड़ वही बात! इन्हें दड़वाज़े की ज़गह एक पड़दा लगा देना चाहिए!

सबको सावधान कड़ दो! कैदी भाग ड़हा है!!!

तो?
फटाक!

इसने बेड़ियाँ तोड़ डालीं! ही! ही! ही! अच्छा मज़ाक है, यह तो! मुझे अब समझ आया। हो! हो! हो!

कहाँ है वो? कहाँ है वो?
पहड़ेदाड़! ज़ाओ औड़ देखो क्या माज़ड़ा है।
ज़ो आज्ञा, हे घमौड़िक!

औड़ तुड़ंत वापस आना!
ज़ो आज्ञा, हे घमौड़िक!

?!

अब है फ़ैसले की घड़ी, धोखेबाज़!

थपाक! कड़कड़! चमाट!
दोनों में से कोई नहीं जीत पाएगा क्योंकि दोनों ने ही जादुई काढ़ा पी रखा है!
यही तो मेरा नुस्खा था!
ही! ही! ही! इसने बेड़ियाँ तोड़ डालीं!

और दो घंटे और सैंतीस मिनटों की मुठभेड़ के बाद...

मैं तुम्हाड़े खिलाफ़ सेना इकट्ठी कड़ूँगा!
मैं भी! मैं भी!

ये दोनों तो आपस में लड़ने में व्यस्त रहेंगे... लेकिन यह काफ़ी नहीं। हमें अफ़रा-तफ़री और भ्रांति, अशांति फैलाते रहना चाहिए...
ही, ही, ही! इसने बेड़ियाँ तोड़ डालीं!...
बस, बहुत हो गया ओबेलिक्स, बस!
38

एक उपयुक्त दिखने वाला नमूना तो यहाँ है, औषधिक्स...
सही कह रहे हो, ऐस्ट्रिक्स।

तुम्हाड़ा नाम क्या है, भले मानस?
इलैक्टड़िक।

क्या तुम अपने ज़ीवन से खुश हो, इलैक्टड़िक?
मेड़े पास खुश होने की कोई वज़ह नहीं, मैं गड़ीब हूँ, कमज़ोड़ हूँ...

क्या तुम ताकतवड़ बनना चाहोगे? क्या तुम मुखिया बनना चाहोगे?
?

औड़ सड़कों पड़ ज़ाड़ू भी नहीं लगानी पड़ेगी?
औड़ सड़कों पड़ ज़ाड़ू भी नहीं लगानी पड़ेगी।
बिलकुल चाहूँगा।

इसे पियो!

?!

मैं ताक़तवड़ हो गया हूँ! मैं सड़काड़ को उखाड़ फेंकूँगा! मैं सेना जुटाऊँगा!

मैं सेना का ज़नड़ल बनूँगा। ज़नड़ल इलैक्टड़िक!
ज़रा देखो तो इसे – अपनी राह के हर रोड़े को बुहार देने को तैयार!
क्या बढ़िया मज़ाक है! हीहीही! इसने बेड़ियाँ तोड़ डालीं!

और कुछ दूर...
मगड़, मेड़ी प्याड़ी...
तुम ज़ाओ औड़ खड़ीददाड़ी कड़ो! बाकी बातें बाद में!
39

एक और
उम्मीदवार!

इसे पी लो!
घुट्ट!
घुट्ट!

और हमारे तीनों गॉलवासी शांति बिगाड़ने के अपने अभियान में लगे रहते हैं...
इसे पी लो!
घुट्ट!
घुट्ट!

घुट्ट!
घुट्ट!
इसे पी लो!

इसे पी लो!
घुट्ट!
घुट्ट!

...जबकि उनका हर मरीज़, अजेय बल पाकर और हमारे मित्रों के उकसाने पर, एक सेना खड़ी करने चल देता है...
धाड़!
और यह हो गई ढाई सौ की एक टोली।

घुट्ट!
घुट्ट!
इसे पी लो!

घुट्ट!
घुट्ट!
इसे पी लो!

विभिन्न गुटों में लड़ाई शुरू हो जाती है...
घमौड़िक ज़िंदाबाद!
अत्याचाड़िक ज़िंदाबाद!
चटाक!
इलैक्टड़िक ज़िंदाबाद!
बेचाड़िक ज़िंदाबाद!

काढ़े की थैली ख़ाली हो गई...
लेकिन तब क्या होगा जब गौथवासियों पर काढ़े का असर समाप्त हो जाएगा?

कुछ नहीं! वे फिर भी एक ही नाव में सवार रहेंगे। लगभग बराबर होते हुए, वे शताब्दियों तक एक दूसरे से लड़ते रहेंगे... और उन्हें अपने पड़ोसियों पर चढ़ाई करने के बारे में सोचने तक की फुर्सत नहीं होगी।

तो, अब जबकि हमारा शांति-निर्माण का अभियान पूरा हुआ, हमें अपने घर गॉल वापस चलना चाहिए!
ओह, हाँ! मैं भी गॉल में पकाए जंगली सूअर का स्वाद लेने को उतावला हो रहा हूँ!...
40

कुछ मुखिया

अत्याचारिक

घमौरिक

एक भीषण घालमेल... ऐस्ट्रिक्सिया लड़ाइयाँ

जो चाल ऐस्ट्रिक्स, औषधिक्स और ओबेलिक्स ने चली वह इतनी कामयाब हुई कि वे कभी सपने में भी नहीं सोच सकते थे। ओझा का जादुई काढ़ा पीने के बाद, गौथवासी एक दूसरे से जी-जान से लड़े।

लड़ाकुओं का पसंदीदा हथियार। इसने बहुत तबाही मचाई

यह संक्षिप्त सार आपको इन प्रसिद्ध युद्धों का इतिहास जानने में मदद करेगा। यह मानचित्र घटनाक्रम को सिलसिलेवार दर्शाता है!

पहली विजय घमौरिक के हाथ लगती है, जो अत्याचारिक को ऐसा चकमा देता है कि उसके सिर पर पहाड़ टूट पड़ता है - धाड़! - और उसे करारी हार मिलती है। लेकिन यह हार, अस्थाई है...

घमौरिक अभी अपनी जीत ठीक से मना भी नहीं पाया था कि पीठ के पीछे से उसका अपना ही साथी, गद्दारिक हमला कर देता है। गद्दारिक तुरंत स्वयं को सब गौथवासियों का प्रधान मुखिया घोषित कर देता है, लेकिन बाकी मुखिया उस पर हँसते हैं...

वे सही साबित होते हैं, क्योंकि गद्दारिक का साला अचारिक पारिवारिक मिलन का बहाना बनाकर उसके लिए जाल बिछाता है, जिसमें गद्दारिक फंस जाता है। इसी लड़ाई के दौरान... परिवार से बढ़कर कुछ नहीं नामक प्रसिद्ध कहावत का जन्म हुआ था...

घमौरिक, गद्दारिक के पीछे जाता है, उसकी चटनी बनाने के लिए, मगर उसके पीछे वाले दस्ते को अत्याचारिक का अग्र दस्ता चौंका देता है। धाड़! इन प्रहारों के आदान-प्रदान का नतीजा अत्याचारिक के पक्ष में रहता है।

जनरल इलैक्ट्रिक को मौका मिलता है बेचारिक को चौंकाने का, जब वह अपने आगामी अभियानों के ध्यान में मगन बैठा है। बेचारिक का मनोबल घुटनों तक आ जाता है मगर, अंत में जीत उसी की होती है। "मैं उसकी बिजली गुल कर दूँगा।"

जबकि इलैक्ट्रिक स्वयं को गौथवासियों का प्रधान मुखिया घोषित कर देता है सबके द्वारा उसकी खिल्ली उड़ाने के बावजूद, अब अत्याचारिक के पिछले दस्ते की बारी है घमौरिक के अग्र दस्ते से अचंभा खाने की। धाड़! यह तो सरासर अत्याचार है, झुंझलाते हुए अत्याचारिक बोलेगा।

और वह इतना ज़्यादा झुंझला जाता है कि वह खुद को फिर अचंभित होने देता है बेचारिक के हाथ। लड़ाई जल्द ही खत्म हो जाती है। बेचारिक, एक काइयां राजनेता, तुरंत स्वयं को गौथवासियों का प्रधान मुखिया घोषित कर लेता है। अन्य सभी प्रधान मुखिया इस बात पर हँसते हैं...

बेचारिक, तंग आकर छावनी बनाता है और रूठकर बैठ जाता है। उसे मारधाड़िक चौंका देता है, जिसपर हमला करने की बारी गद्दारिक की है, जो इलैक्ट्रिक के हाथों अंततः हार जाता है। लेकिन इलैक्ट्रिक की किस्मत में धोखा खाना लिखा है, अत्याचारिक के हाथों से। जो खुद घमौरिक के हाथों हार जाएगा।

लेकिन एक मोड़ मुड़ते ही घमौरिक का अग्र दस्ता अत्याचारिक के अग्र दस्ते से भिड़ जाता है। धाड़! धाड़! एस्ट्रिक्सिया लड़ाइयों में यह युद्ध "पराजितों का संग्राम" नाम से प्रसिद्ध है। और इसी तरह युद्ध चलता रहता है...

वह रही सीमा!
मुझे तो सुअरों की महक भी आ रही है!

?!

रुक जाओ! कौन जा रहा है?
मानना पड़ेगा, घर वापसी में...

चटाक!
... बहुत आनंद है...
जरमानिया

... इसीलिए मैं हमारे गाँव को फिर से देखने के लिए उतावला हूँ!!!

?

दशपति! दशपति! अभी–अभी एक आक्रमण हुआ है!
!?!

गौथवासी?
नहीं, गॉलवासी!

गॉलवासियों ने गॉल पर आक्रमण किया? बहुत अच्छे! देख रहा हूँ! अभी भी तुम्हारा दिमाग ठिकाने नहीं आया! और तुम अभी भी मुझे बेवकूफ़ समझते हो!...

आठ दिन अंदर, उनमें से चार दिन कड़ा परिश्रम...
मगर दशपति...

और अंत में गॉल को पूरब से पश्चिम तक पार कर लेने के बाद...
हमारा गाँव!
42

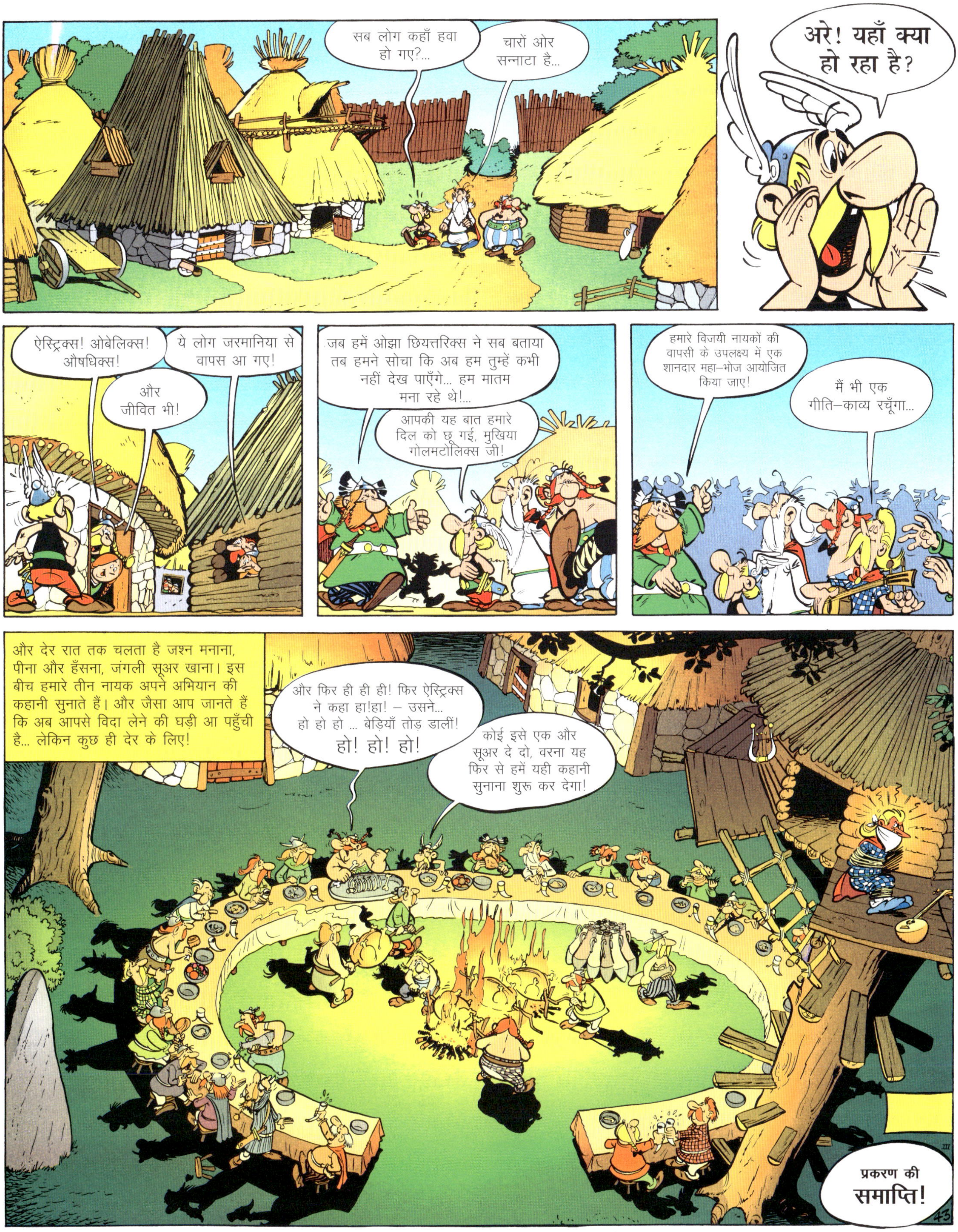

और देर रात तक चलता है जश्न मनाना, पीना और हँसना, जंगली सूअर खाना। इस बीच हमारे तीन नायक अपने अभियान की कहानी सुनाते हैं। और जैसा आप जानते हैं कि अब आपसे विदा लेने की घड़ी आ पहुँची है... लेकिन कुछ ही देर के लिए!

और फिर ही ही ही! फिर ऐस्ट्रिक्स ने कहा हा!हा! – उसने... हो हो हो ... बेड़ियाँ तोड़ डालीं! हो! हो! हो!

कोई इसे एक और सूअर दे दो, वरना यह फिर से हमें यही कहानी सुनाना शुरू कर देगा!

प्रकरण की समाप्ति!